I0707818

S'épanouir avec le Trouble de la Personnalité limite

Stratégies éprouvées pour gérer les émotions, renforcer la résilience et vivre une vie épanouissante

Emma Greenwood

Copyright © 2024 par Emma Greenwood

Tous droits réservés. Aucune partie de cette publication ne peut être reproduite, stockée dans un système de récupération ou transmise, sous quelque forme ou par quelque moyen que ce soit, sans l'autorisation écrite préalable de l'éditeur ; ni être diffusé sous aucune forme de reliure ou de couverture autre que celle dans laquelle il est publié et sans qu'une condition similaire ne soit imposée à l'acheteur ultérieur.

CONTENU

Introduction

S'épanouir malgré le trouble borderline

Je m'assis sur mon lit, les larmes coulant sur mon visage, ressentant le poids familier d'une tempête émotionnelle. J'étais déjà venu ici un nombre incalculable de fois, submergé par l'intensité de mes sentiments, ne sachant pas comment naviguer dans le chaos qui régnait dans mon esprit. Ayant reçu un diagnostic de trouble de la personnalité limite (TPB) au début de la vingtaine, j'ai passé des années aux prises avec des sautes d'humeur, des comportements impulsifs et une profonde peur de l'abandon. Le monde me considérait comme « difficile » et « instable », mais j'étais déterminé à changer mon récit.

Mon parcours a commencé par une étape cruciale : comprendre mon diagnostic. Le trouble de la personnalité limite est souvent mal compris et stigmatisé. Les personnes atteintes de trouble borderline éprouvent des émotions intenses, des relations instables et une estime de soi fragile. Pour moi, comprendre ces symptômes ne fournissait pas seulement une étiquette ; cela m'a offert une feuille de route pour le changement.

Comprendre le trouble borderline, c'était comme allumer une lumière dans une pièce sombre. Soudain, les émotions apparemment erratiques et accablantes ont pris un sens. J'ai appris que mon cerveau traite les émotions différemment, ce qui entraîne des réactions émotionnelles intenses. Cette connaissance m'a donné du pouvoir : cela signifiait que je n'étais pas « fou » ou « brisé », mais plutôt que j'avais une maladie qui pouvait être gérée avec les bonnes stratégies.

L'un des moments charnières de mon parcours a été
la recherche d'une aide professionnelle. J'ai trouvé
un thérapeute qui comprenait le trouble borderline et
a travaillé avec moi pour développer des stratégies
d'adaptation. Ensemble, nous avons exploré la
thérapie comportementale dialectique (TCD), qui se
concentre sur le développement de compétences en
matière de pleine conscience, de tolérance à la
détresse, de régulation émotionnelle et d'efficacité
interpersonnelle. Grâce au DBT, j'ai appris à gérer
mes émotions, à réduire les comportements
autodestructeurs et à améliorer mes relations.

J'ai réalisé que mes émotions intenses, tout en étant
un défi, me permettaient également de vivre la vie
de manière plus vivante. Cette sensibilité
émotionnelle, que je considérais autrefois comme
une malédiction, est devenue mon super pouvoir. Je
me sentais profondément, j'aimais passionnément et
j'avais une empathie unique pour les autres. Ma

capacité à établir des liens profonds avec les autres m'a amené à faire du bénévolat auprès d'une ligne d'assistance téléphonique locale en cas de crise. Mes expériences m'ont donné l'empathie et la compréhension nécessaires pour soutenir les autres dans leurs moments les plus sombres. Ce qui était autrefois mon plus grand combat est devenu une source de force et de but.

Renforcer la résilience était un autre aspect essentiel de mon parcours. J'ai développé des pratiques quotidiennes qui m'ont aidé à maintenir une stabilité émotionnelle. La méditation matinale, la tenue d'un journal et l'exercice physique sont devenus mes points d'ancrage. J'ai commencé chaque journée par une séance de méditation de 10 minutes. Cette pratique simple m'a aidé à me recentrer et à donner un ton positif à la journée. J'ai également tenu un journal dans lequel je réfléchissais à mes sentiments et suivais mes progrès.

L'isolement peut exacerber les symptômes du trouble borderline, j'ai donc travaillé à la création d'un réseau de soutien. J'ai rejoint un groupe de soutien où je me suis connecté avec d'autres personnes qui comprenaient mes difficultés. Ces relations ont procuré un sentiment d'appartenance et de validation. Mon groupe de soutien est devenu ma bouée de sauvetage. Grâce aux expériences partagées et au soutien mutuel, j'ai trouvé de la force dans la communauté. J'ai également reconstruit des relations avec ma famille et mes amis en étant ouvert sur mon parcours et en fixant des limites saines.

J'ai appris à célébrer les petites victoires. Chaque pas en avant, aussi petit soit-il, témoigne de mes progrès. Ces célébrations ont renforcé mon sentiment d'accomplissement et m'ont motivé à continuer. J'ai célébré mon jalon d'un mois de journalisation et de méditation constantes en m'offrant une journée au spa. Reconnaître ces petites réalisations m'a aidée à rester positive et motivée.

Mon histoire est l'une des nombreuses qui montrent qu'il est possible de prospérer avec le trouble borderline. Avec les bons outils, le soutien et le bon état d'esprit, vous aussi pouvez transformer vos difficultés en forces. Ce livre vous guidera à travers des stratégies éprouvées, des histoires inspirantes et des conseils pratiques pour vous aider à vous épanouir malgré le trouble borderline.

Alors que vous vous lancez dans ce voyage, n'oubliez pas : le changement est possible et vous n'êtes pas seul. Le chemin pour réussir avec le trouble borderline est difficile mais profondément gratifiant. Laissez mon histoire être une lueur d'espoir et d'inspiration alors que vous faites vos premiers pas vers une vie épanouie.

PARTIE I

Comprendre le trouble de la personnalité limite

CHAPITRE 1

Qu'est-ce que le trouble de la personnalité limite ?

Le trouble de la personnalité limite est un problème de santé mentale caractérisé par une instabilité généralisée de l'humeur, du comportement, de l'image de soi et du fonctionnement. Cette instabilité conduit souvent à des actions impulsives et à des problèmes dans les relations avec les autres. Les personnes atteintes de trouble borderline peuvent vivre des épisodes intenses de colère, de dépression et d'anxiété qui peuvent durer de quelques heures à quelques jours.

Imaginez vivre dans un monde où vos émotions ressemblent à des montagnes russes, passant constamment d'un extrême à l'autre. Un instant, vous pourriez vous sentir au sommet du monde, et l'instant d'après, vous êtes plongé dans les profondeurs du désespoir. C'est la réalité de nombreuses personnes atteintes de trouble borderline, ce qui en fait une condition difficile à gérer.

Symptômes et critères de diagnostic

Comprendre les symptômes du trouble borderline est crucial pour identifier la maladie et rechercher l'aide appropriée. Le Manuel diagnostique et statistique des troubles mentaux, cinquième édition (DSM-5) décrit les critères spécifiques pour diagnostiquer le trouble borderline. Décomposons ces symptômes de manière accessible :

1. **Peur de l'abandon :** Une peur omniprésente d'être laissé seul ou abandonné, conduisant souvent à des efforts frénétiques pour éviter une séparation réelle ou imaginaire.

2. **Relations instables :** Relations intenses et instables caractérisées par une alternance entre idéalisation et dévalorisation.

3. **Image de soi instable :** Une image ou un sentiment de soi déformé et instable.

4. **Comportements impulsifs :** Actions impulsives dans au moins deux domaines potentiellement autodestructeurs, tels que les dépenses, le sexe, la toxicomanie, la conduite dangereuse ou la frénésie alimentaire.

5. **Instabilité émotionnelle :** Humeurs intenses et changeantes rapidement, souvent déclenchées par des événements extérieurs.

6. **Sentiments chroniques de vide :** Un sentiment persistant de vide ou d'ennui.

7. **Colère inappropriée :** Colère intense ou difficulté à contrôler la colère, souvent suivie de sentiments de honte ou de culpabilité.

8. **Paranoïa ou dissociation liée au stress :** Pensées paranoïaques passagères liées au stress ou symptômes dissociatifs graves.

Reconnaître ces symptômes peut être la première étape vers la compréhension et la gestion du trouble borderline. Il est important de noter que toutes les personnes atteintes de trouble borderline ne ressentiront pas tous ces symptômes et que leur intensité peut varier d'une personne à l'autre.

<u>Idées fausses et mythes courants</u>

Malgré une prise de conscience accrue, de nombreuses idées fausses sur le trouble borderline existent encore, contribuant à la stigmatisation et aux malentendus. Démystifions certains de ces mythes et remplaçons-les par des faits :

Mythe 1 : Les personnes atteintes de trouble borderline sont « manipulatrices ».

<u>Fait:</u> Bien que les personnes atteintes de trouble borderline puissent présenter des comportements qui semblent manipulateurs, ces actions sont souvent des tentatives désespérées pour faire face à des émotions accablantes et à la peur de l'abandon. Comprendre les causes sous-jacentes de ces comportements peut favoriser l'empathie et le soutien.

Mythe 2 : Le trouble borderline est incurable.

<u>Fait:</u> Le trouble borderline peut être traité, et de nombreuses personnes atteintes de trouble borderline s'améliorent considérablement avec la thérapie et le soutien appropriés. Des traitements tels que la thérapie comportementale dialectique (TCD) et la thérapie cognitivo-comportementale (TCC) se sont révélés efficaces pour aider les individus à gérer leurs symptômes et à mener une vie épanouissante.

Mythe 3 : Seules les femmes souffrent de trouble borderline.

<u>Fait:</u> Le trouble borderline touche aussi bien les hommes que les femmes. Bien qu'il soit diagnostiqué plus fréquemment chez les femmes, probablement en raison de facteurs sociaux et culturels, les hommes sont également touchés, mais peuvent être sous-diagnostiqués ou mal diagnostiqués avec d'autres conditions telles que la dépression ou le SSPT.

Mythe 4 : Les personnes atteintes de trouble borderline sont toujours en crise.

<u>Fait:</u> Même si les personnes atteintes de trouble borderline peuvent vivre des émotions et des crises intenses, nombre d'entre elles mènent une vie stable et productive, notamment avec un traitement et un soutien appropriés. Il est essentiel de voir au-delà du trouble et de reconnaître les forces et le potentiel de la personne.

Mythe 5 : Le trouble borderline n'est qu'un « drame ».

<u>Fait:</u> Le trouble borderline est un problème de santé mentale grave qui provoque de réelles souffrances. Le considérer comme un drame porte atteinte aux expériences des personnes concernées et peut les empêcher de rechercher l'aide dont elles ont besoin.

En luttant contre ces mythes, nous pouvons créer une perspective plus compatissante et éclairée sur le trouble borderline. Comprendre que le trouble borderline est une maladie complexe aux multiples facettes est la première étape vers le soutien à ceux qui vivent avec ce trouble. Tout au long de ce livre, nous explorerons des stratégies et des histoires qui mettent en valeur la résilience, l'espoir et la possibilité de prospérer malgré les défis du trouble borderline.

N'oubliez pas que la connaissance, c'est le pouvoir. Plus nous comprenons le trouble borderline, mieux nous sommes équipés pour le gérer efficacement et soutenir ceux qui en sont affectés. Que vous lisiez ce livre pour vous-même ou pour l'un de vos proches, sachez que vous n'êtes pas seul dans ce voyage. Ensemble, nous pouvons surmonter les complexités du trouble borderline et avancer vers un avenir meilleur et plus stable.

CHAPITRE 2

La science derrière le trouble borderline

Comprendre la science derrière le trouble de la personnalité limite (TPB) est crucial pour démystifier cette condition complexe. En tant que coach d'entraide, mon objectif est de décomposer les facteurs biologiques, psychologiques et environnementaux qui contribuent au trouble borderline et d'examiner son impact sur le cerveau et la régulation émotionnelle. Ce faisant, nous pouvons acquérir une vision globale du trouble borderline qui favorise l'empathie, la compréhension et une gestion efficace.

Facteurs biologiques, psychologiques et environnementaux

Commençons par examiner les facteurs qui contribuent au développement du trouble borderline. Il est essentiel de reconnaître que le trouble borderline est un trouble à multiples facettes, résultant d'une combinaison d'influences biologiques, psychologiques et environnementales.

Facteurs biologiques :

La recherche suggère que la génétique joue un rôle important dans le développement du trouble borderline. Si un membre de la famille proche souffre de trouble borderline, le risque de développer ce trouble est plus élevé. Des études ont également identifié des anomalies structurelles et fonctionnelles dans le cerveau, en particulier dans les zones qui régulent les émotions et le contrôle des impulsions. Par exemple, l'amygdale, qui traite les émotions, peut être hyperactive, tandis que le cortex préfrontal, responsable de la prise de décision et du contrôle des impulsions, peut être sous-actif chez les personnes atteintes de trouble borderline.

Facteurs psychologiques:

Les expériences de l'enfance, en particulier celles impliquant un traumatisme, des abus ou une négligence, sont fortement liées au trouble borderline. Ces expériences défavorables peuvent perturber le développement d'un sentiment de soi stable et de mécanismes d'adaptation sains. Les personnes atteintes de trouble borderline souffrent souvent d'une peur intense de l'abandon et de difficultés à gérer leurs émotions, résultant de ces blessures psychologiques précoces.

Facteurs environnementaux:

L'environnement dans lequel on grandit joue également un rôle essentiel. Une dynamique familiale instable ou chaotique, l'exposition à la violence et le manque de relations de soutien peuvent exacerber le risque de développer un trouble borderline. À l'inverse, des influences positives telles que le soutien de membres de la famille, des amitiés stables et l'accès à des ressources en santé mentale peuvent atténuer certains de ces risques.

L'impact du trouble borderline sur le cerveau et la régulation émotionnelle

Structure et fonction du cerveau :

Comme mentionné précédemment, l'amygdale et le cortex préfrontal sont des acteurs clés du trouble borderline. L'activité accrue de l'amygdale signifie que les personnes atteintes de trouble borderline ont souvent une sensibilité accrue aux stimuli émotionnels. Cela peut rendre les expériences quotidiennes extrêmement intenses. D'un autre côté, l'activité réduite du cortex préfrontal altère la capacité à réguler ces émotions et impulsions intenses, conduisant aux sautes d'humeur et aux comportements impulsifs caractéristiques observés dans le trouble borderline.

Neurotransmetteurs :

Les neurotransmetteurs comme la sérotonine, la dopamine et la noradrénaline sont essentiels à la régulation de l'humeur et à la stabilité émotionnelle. Les déséquilibres de ces produits chimiques sont couramment constatés chez les personnes atteintes de trouble borderline. Par exemple, de faibles niveaux de sérotonine sont associés à l'impulsivité et à l'agressivité, tandis qu'une dérégulation de la dopamine peut contribuer à l'instabilité de l'humeur et à des difficultés dans le traitement des récompenses et des punitions.

Régulation émotionnelle :

Les personnes atteintes de trouble borderline éprouvent souvent des difficultés de régulation émotionnelle, un processus qui implique de reconnaître, comprendre et gérer les émotions. Ce défi n'est pas le résultat d'un manque de volonté ou d'efforts mais est profondément enraciné dans le fonctionnement du cerveau. L'incapacité à réguler efficacement ses émotions peut entraîner des changements d'humeur rapides, allant d'une colère et d'une tristesse intenses à des périodes d'anxiété et de vide.

Dernières recherches et découvertes

Des recherches récentes ont fourni de nouvelles informations sur le trouble borderline, laissant espérer une meilleure compréhension et un meilleur traitement de ce trouble.

Recherche génétique :

Les progrès de la recherche génétique ont identifié des gènes spécifiques qui peuvent augmenter le risque de développer un trouble borderline. Ces gènes sont impliqués dans la régulation des émotions et des réponses au stress. Comprendre ces liens génétiques peut ouvrir la voie à des thérapies plus ciblées abordant les fondements biologiques du trouble borderline.

Études d'imagerie cérébrale :

Les études d'imagerie cérébrale fonctionnelle et structurelle ont fourni des informations précieuses sur les mécanismes neuronaux du trouble borderline. Par exemple, les analyses IRM fonctionnelles (IRMf) ont montré que les personnes atteintes de trouble borderline ont une activité accrue dans l'amygdale en réponse à des stimuli émotionnels et une activité réduite dans le cortex préfrontal lors de tâches nécessitant un contrôle des impulsions. Ces résultats mettent en évidence l'importance des thérapies axées sur la régulation des émotions et le contrôle des impulsions.

Approches thérapeutiques :

Des approches thérapeutiques innovantes sont développées et testées. La thérapie comportementale dialectique (TCD), créée à l'origine par le Dr Marsha Linehan, reste l'un des traitements les plus efficaces contre le trouble borderline. La DBT combine des techniques cognitivo-comportementales avec des pratiques de pleine conscience pour aider les individus à gérer leurs émotions, à réduire les comportements autodestructeurs et à améliorer leurs relations. Des adaptations récentes du DBT sont en cours d'adaptation pour mieux répondre aux besoins de diverses populations.

Avancées pharmacologiques :

Bien qu'il n'existe aucun médicament spécifique pour le trouble borderline, des recherches en cours explorent les avantages potentiels des traitements pharmacologiques pour gérer les symptômes. Les médicaments qui ciblent les déséquilibres des neurotransmetteurs, tels que les stabilisateurs de l'humeur et les antipsychotiques, sont étudiés pour leur efficacité à réduire les sautes d'humeur, l'impulsivité et l'agressivité.

Intervention précoce :

Il existe de plus en plus de preuves selon lesquelles une intervention précoce peut améliorer considérablement les résultats pour les personnes atteintes de trouble borderline. L'identification et le traitement des symptômes à l'adolescence ou au début de l'âge adulte peuvent empêcher que le trouble ne s'aggrave. Les programmes axés sur le développement des compétences de régulation émotionnelle, de la résilience et des relations saines chez les jeunes donnent des résultats prometteurs.

Comprendre la science derrière le trouble de la personnalité limite est une étape cruciale pour démystifier cette maladie complexe et favoriser l'empathie et des stratégies de gestion efficaces. En explorant les facteurs biologiques, psychologiques et environnementaux, en examinant l'impact sur le cerveau et la régulation émotionnelle et en restant informé des dernières recherches et découvertes, nous pouvons mieux soutenir les personnes touchées par le trouble borderline.

N'oubliez pas que la connaissance est un outil puissant. Que vous cherchiez à comprendre vos propres expériences ou à soutenir un proche atteint de trouble borderline, obtenir un aperçu de la science derrière ce trouble peut vous permettre de prendre des mesures proactives vers la guérison et la croissance. Alors que nous poursuivons ce voyage ensemble, je vous encourage à rester curieux, compatissant et engagé sur la voie de la compréhension et de la résilience.

DEUXIÈME PARTIE

Gérer les émotions

CHAPITRE 3

Conscience émotionnelle

Imaginez que vous vous réveillez le matin avec une sensation de lourdeur dans la poitrine. Vous ne savez pas pourquoi, mais vous vous sentez mal à l'aise, anxieux ou peut-être même triste. Tout au long de la journée, ce sentiment affecte vos interactions, vos décisions et votre sentiment général de bien-être. Il s'agit d'une expérience courante chez de nombreuses personnes atteintes du trouble de la personnalité limite (TPB), mais la bonne nouvelle est que le développement de la conscience émotionnelle peut aider à gérer ces émotions intenses. En tant que coach d'entraide, je suis là pour vous guider à travers des techniques d'identification et de compréhension de vos émotions et pour souligner le rôle de la pleine conscience dans la réalisation de la conscience émotionnelle.

Techniques pour identifier et comprendre les émotions

La première étape dans la gestion des émotions est de les identifier et de les comprendre. Cela peut sembler simple, mais pour de nombreuses personnes atteintes de trouble borderline, les émotions peuvent être accablantes et difficiles à cerner. Voici quelques techniques efficaces pour vous aider à devenir plus conscient de votre paysage émotionnel :

1. Journalisation des émotions :

Tenir un journal dans lequel vous enregistrez régulièrement vos émotions peut être incroyablement instructif. Commencez par noter ce que vous ressentez à différents moments de la journée. Décrivez l'émotion avec le plus de détails possible. Vous sentez-vous en colère, triste, anxieux ou heureux ? Essayez d'aller plus loin en vous demandant pourquoi vous ressentez cela. Qu'est-ce qui a déclenché cette émotion ? Tenir un journal peut vous aider à reconnaître les schémas de vos réponses émotionnelles et à mieux comprendre ce qui affecte votre humeur.

2. Étiquetage des émotions :

Parfois, le simple fait de nommer ce que vous ressentez peut faire une énorme différence. Lorsque vous ressentez une émotion, prenez un moment pour l'étiqueter. Dites-vous : « Je me sens frustré » ou « Je me sens excité ». Ce simple fait de nommer l'émotion peut créer une petite distance entre vous et le sentiment, vous permettant de l'observer plus objectivement.

3. Sensations physiques :

Les émotions sont souvent accompagnées de sensations physiques. Faites attention à la façon dont votre corps réagit lorsque vous ressentez différentes émotions. Par exemple, l'anxiété peut s'accompagner d'un cœur qui s'emballe, de paumes moites ou d'une poitrine serrée. La tristesse peut se manifester par une lourdeur dans vos membres ou par une boule dans la gorge. En étant à l'écoute de ces signaux physiques, vous pouvez devenir plus à l'écoute de votre état émotionnel.

4. Modèles de pensée :

Les émotions et les pensées sont étroitement liées. Remarquez les pensées qui accompagnent vos émotions. Avez-vous des pensées autocritiques lorsque vous vous sentez déprimé ? Avez-vous des pensées catastrophiques lorsque vous êtes anxieux ? Identifier ces schémas de pensée peut vous aider à comprendre les racines de vos émotions et à travailler à changer les habitudes de pensée inutiles.

5. Déclencheurs émotionnels :

Identifiez les situations, les personnes ou les événements qui déclenchent de fortes réactions émotionnelles. Cela peut être difficile mais incroyablement précieux. Connaître vos déclencheurs vous permet d'anticiper et de vous préparer aux réponses émotionnelles, vous donnant ainsi plus de contrôle sur la façon dont vous les gérez.

Le rôle de la pleine conscience dans la conscience émotionnelle

La pleine conscience est un outil puissant pour développer la conscience émotionnelle. Cela implique de prêter attention au moment présent sans jugement. Lorsqu'elle est pratiquée régulièrement, la pleine conscience peut vous aider à observer vos émotions au fur et à mesure qu'elles surviennent et à y répondre de manière plus équilibrée.

1. Respiration consciente :

L'une des techniques de pleine conscience les plus simples est la respiration consciente. Chaque fois que vous vous sentez submergé par les émotions, prenez quelques instants pour vous concentrer sur votre respiration. Inspirez lentement par le nez, maintenez la position pendant quelques secondes, puis expirez par la bouche. Se concentrer sur sa respiration permet de s'ancrer dans le moment présent et crée une pause entre l'émotion et sa réaction.

2. Méditation par scan corporel :

Une méditation par scan corporel consiste à scanner mentalement votre corps de la tête aux pieds, en remarquant les sensations sans essayer de les modifier. Cette pratique vous aide à prendre davantage conscience des manifestations physiques de vos émotions. Trouvez un endroit calme pour vous asseoir ou vous allonger, fermez les yeux et portez lentement votre attention sur différentes parties de votre corps. Remarquez toute zone de tension, de relaxation, de chaleur ou d'inconfort. Cet exercice peut vous aider à relier vos sensations physiques à votre état émotionnel.

3. Observer les pensées :

Dans la pratique de la pleine conscience, il est important d'observer ses pensées sans s'y laisser entraîner. Imaginez que vos pensées sont comme des nuages traversant le ciel ou des feuilles flottant dans un ruisseau. Regardez-les aller et venir sans leur attacher aucun jugement ni émotion. Cette technique peut vous aider à vous éloigner de vos émotions et à les voir plus clairement.

4. Activités de pleine conscience :

Intégrez la pleine conscience à vos activités quotidiennes. Que vous mangiez, marchiez ou même faisiez la vaisselle, concentrez-vous sur les sensations, les odeurs, les sons et les images qui vous entourent. En étant pleinement présent à ces activités, vous pouvez pratiquer la pleine conscience et améliorer votre conscience émotionnelle.

5. Réflexion personnelle compatissante :

La pleine conscience implique également de cultiver la compassion envers soi-même. Lorsque vous remarquez une émotion difficile, au lieu de vous juger pour l'avoir ressentie, offrez-vous gentillesse et compréhension. Dites-vous : « C'est normal de ressentir cela. Les émotions font naturellement partie de l'être humain. Cette approche d'auto-compassion peut réduire l'intensité des émotions négatives et vous aider à y répondre plus efficacement.

Développer la conscience émotionnelle est une étape cruciale dans la gestion des émotions intenses associées au trouble borderline. En utilisant des techniques telles que la journalisation des émotions, l'étiquetage et les pratiques de pleine conscience, vous pouvez acquérir une compréhension plus profonde de votre paysage émotionnel. Cette compréhension vous permet de répondre à vos émotions avec plus de clarté et de contrôle, réduisant ainsi leur impact sur votre vie quotidienne.

La conscience émotionnelle est une compétence qui demande du temps et de la pratique pour se développer. Soyez patient avec vous-même et célébrez les petites victoires en cours de route. Chaque pas que vous faites vers la compréhension de vos émotions vous rapproche d'une vie plus équilibrée et épanouissante.

CHAPITRE 4

Faire face à une émotion intense

Les émotions peuvent ressembler à une tempête, imprévisibles et accablantes. Pour les personnes atteintes d'un trouble de la personnalité limite (TBD), ces tempêtes émotionnelles peuvent sembler encore plus intenses et difficiles à gérer. Mais il y a de l'espoir. En apprenant des stratégies pratiques et des techniques d'ancrage, vous pouvez surmonter ces défis émotionnels et retrouver un sentiment de calme et de contrôle.

Stratégies pratiques pour gérer l'intensité émotionnelle

Les émotions intenses peuvent être difficiles à gérer, mais avec les bonnes stratégies, vous pouvez les gérer efficacement. Voici quelques techniques pratiques pour vous aider à faire face à l'intensité émotionnelle :

1. Identifiez et étiquetez vos émotions :

La première étape dans la gestion des émotions intenses est de les identifier et de les étiqueter. Lorsque vous vous sentez dépassé, prenez un moment pour faire une pause et demandez-vous ce que vous ressentez. Êtes-vous en colère, triste, anxieux ou effrayé ? Nommer vos émotions peut vous aider à les contrôler. Par exemple, vous dire : « Je suis en colère à cause de la dispute que j'ai eue avec mon ami » vous aide à comprendre la cause profonde de vos émotions et vous donne un point de départ pour y répondre.

2. Utilisez la compétence « STOP » :

Le **"ARRÊT"** La compétence est un outil puissant de gestion de l'intensité émotionnelle. Elle signifie :

- **Arrêt:** Mettez sur pause tout ce que vous faites pour briser le cycle de l'escalade émotionnelle.

- **Prendre du recul:** Éloignez-vous physiquement ou mentalement de la situation pour prendre du recul.

- **Observer:** Observez ce qui se passe autour de vous et en vous. Que pensez-vous, ressentez-vous et ressentez-vous dans votre corps ?

- **Procédez en toute conscience :** Choisissez une réponse réfléchie au lieu de réagir de manière impulsive.

3. S'engager dans une action opposée :

Lorsque vous ressentez une émotion intense, il peut être utile de vous lancer dans une activité opposée à ce que vous ressentez. Par exemple, si vous vous sentez triste et renfermé, essayez de faire quelque chose d'actif et d'engageant, comme aller vous promener ou appeler un ami. Cette technique peut vous aider à modifier votre état émotionnel et à vous éviter de rester coincé dans des sentiments négatifs.

4. Pratiquez l'auto-compassion :

Les émotions intenses peuvent souvent conduire à l'autocritique et à un discours intérieur négatif. Au lieu de cela, pratiquez l'auto-compassion en vous traitant avec la même gentillesse et la même compréhension que vous offririez à un ami. Rappelez-vous qu'il est normal de ressentir des émotions intenses et que vous faites de votre mieux pour les gérer. Cette approche peut aider à réduire l'intensité de vos émotions et à promouvoir une perspective plus équilibrée.

5. Utilisez des techniques de distraction :

La distraction peut être un outil utile pour gérer l'intensité émotionnelle. Participez à des activités qui captent votre attention et détournent votre attention de vos émotions. Cela peut inclure regarder un film, lire un livre, jouer à un jeu ou s'adonner à un passe-temps. La distraction peut apporter un soulagement temporaire et vous donner le temps de vous calmer avant de résoudre le problème sous-jacent.

Techniques de mise à la terre et méthodes d'auto-apaisement

Les techniques d'ancrage et les méthodes d'auto-apaisement sont des outils essentiels pour gérer les émotions intenses. Ces pratiques vous aident à rester connecté au moment présent et à vous réconforter en cas de détresse émotionnelle.

1. Techniques de mise à la terre :

Technique 5-4-3-2-1 :

Cet exercice de mise à la terre vous aide à vous connecter avec votre environnement et à vous distraire des émotions accablantes. Identifier:

- 5 choses que vous pouvez voir

- 4 choses que tu peux toucher

- 3 choses que l'on peut entendre

- 2 choses que tu peux sentir

- 1 chose à goûter

En vous concentrant sur vos sens, vous pouvez vous ramener au moment présent et réduire l'intensité de vos émotions.

Respiration profonde:

La respiration profonde est une technique de mise à la terre simple mais efficace. Asseyez-vous ou allongez-vous dans une position confortable, fermez les yeux et respirez lentement et profondément. Inspirez profondément par le nez, retenez votre souffle pendant quelques secondes, puis expirez lentement par la bouche. Répétez ce processus plusieurs fois jusqu'à ce que vous vous sentiez plus calme. La respiration profonde aide à activer la réponse de relaxation du corps, réduisant ainsi le stress et l'anxiété.

<u>Scan corporel :</u>

Un scanner corporel consiste à prêter attention à différentes parties de votre corps, de la tête aux pieds. Asseyez-vous ou allongez-vous confortablement et concentrez-vous lentement sur chaque partie de votre corps, en commençant par vos orteils et en remontant jusqu'à votre tête. Remarquez toute sensation, tension ou inconfort. Cette technique peut vous aider à prendre davantage conscience de votre état physique et vous ramener au moment présent.

2. Méthodes auto-apaisantes :

<u>Créez un kit de confort :</u>

Un kit de confort est une collection d'articles qui vous procurent confort et détente en période de détresse. Cela peut inclure une couverture douce, un livre préféré, de la musique apaisante, des bougies parfumées ou une balle anti-stress. Avoir un kit de confort à portée de main peut vous aider à vous apaiser lorsque vous vous sentez dépassé.

Engagez vos sens :
Utiliser vos sens peut être un moyen puissant de vous apaiser. Écoutez de la musique apaisante, allumez une bougie parfumée, prenez un bain chaud ou enveloppez-vous dans une couverture douillette. Engager vos sens aide à distraire votre esprit et procure un confort physique.

Pratiquez la pleine conscience :
La pleine conscience consiste à prêter attention au moment présent sans jugement. Pratiquez la pleine conscience en vous concentrant sur votre respiration, en observant vos pensées et vos sentiments sans y réagir, ou en vous engageant dans des activités de pleine conscience telles que le coloriage ou le

jardinage. La pleine conscience peut vous aider à garder les pieds sur terre et à réduire l'impact des émotions intenses.

Utilisez des affirmations positives :

Les affirmations positives sont des déclarations qui favorisent l'acceptation de soi et encouragent la pensée positive. Créez une liste d'affirmations qui vous parlent, telles que « Je suis fort et capable », « Je peux gérer ça » ou « Je suis digne d'amour et de respect ». Répétez-vous ces affirmations pendant les périodes de détresse pour renforcer votre confiance et votre estime de soi.

Gérer des émotions intenses est une compétence qui demande de la pratique et de la patience. En utilisant des stratégies pratiques comme identifier et étiqueter vos émotions, vous engager dans des actions opposées et pratiquer l'auto-compassion, vous pouvez prendre le contrôle de vos réponses émotionnelles. Les techniques d'ancrage et les méthodes d'auto-apaisement, telles que la technique 5-4-3-2-1, la respiration profonde et la création d'un kit de confort, peuvent apporter un soulagement immédiat et vous aider à rester connecté au moment présent.

Il est normal de ressentir des émotions intenses et il est possible de les gérer efficacement. En intégrant ces stratégies à votre routine quotidienne, vous pouvez renforcer votre résilience émotionnelle et relever les défis du trouble borderline en toute confiance. Chaque pas que vous faites vers la gestion de vos émotions vous rapproche d'une vie plus équilibrée et épanouissante. Restez engagé dans ce voyage et sachez que vous avez le pouvoir de prospérer malgré les défis du trouble borderline.

CHAPITRE 5

Communication efficace

Imaginez que vous êtes au milieu d'une vive dispute avec un être cher. Votre cœur bat la chamade, vos pensées s'emballent et vous ressentez une montée d'émotions intenses menacer de prendre le dessus. Pour de nombreuses personnes atteintes du trouble de la personnalité limite (TPB), des situations comme celle-ci peuvent sembler accablantes et difficiles à gérer. Cependant, apprendre à communiquer efficacement peut transformer ces moments de conflit en opportunités de compréhension et de connexion.

Une communication efficace implique d'exprimer vos émotions de manière constructive et de fixer des limites claires.

Exprimer ses émotions de manière constructive

L'un des plus grands défis pour les personnes atteintes de trouble borderline est d'exprimer ses émotions d'une manière claire, directe et respectueuse. Les émotions intenses peuvent parfois conduire à des crises de colère ou à un repli sur soi, ce qui peut mettre à rude épreuve les relations. Voici quelques stratégies pour vous aider à exprimer vos émotions de manière constructive :

Tout d'abord, il est important de comprendre et d'exprimer ce que vous ressentez. Lorsque vous ressentez des émotions fortes, prenez un moment pour faire une pause et réfléchir à ce que vous ressentez et pourquoi. Au lieu de réagir de manière impulsive, essayez d'identifier l'émotion spécifique que vous ressentez. Par exemple, si vous vous sentez en colère, demandez-vous s'il y a une tristesse, une peur ou une frustration sous-jacente qui contribue à cette colère. Une fois que vous comprenez mieux vos émotions, vous pouvez les exprimer plus efficacement.

Lorsque vous êtes prêt à communiquer, utilisez les déclarations « je » pour exprimer vos sentiments. Cette approche se concentre sur votre propre expérience plutôt que de blâmer ou d'accuser l'autre personne. Par exemple, au lieu de dire : « Vous ne m'écoutez jamais », vous pourriez dire : « Je ne me sens pas entendu lorsque j'essaie de partager mes pensées ». Ce changement subtil de langage peut réduire la défensive et ouvrir un dialogue plus constructif.

Le timing et le cadre sont également cruciaux lorsqu'il s'agit d'exprimer des émotions. Choisissez un moment où vous et l'autre personne êtes calmes et réceptifs. Essayer de communiquer pendant un moment brûlant peut aggraver le conflit. De plus, trouvez un espace calme et privé où vous pouvez parler sans distraction. Cela crée un environnement dans lequel les deux parties peuvent se concentrer sur la conversation et s'écouter.

L'écoute est un élément tout aussi important d'une communication efficace. Lorsque l'autre personne répond, faites un effort conscient pour l'écouter activement. Cela signifie leur accorder toute votre attention, reconnaître leurs sentiments et éviter de les interrompre. Réfléchissez à ce que vous avez entendu en résumant leurs points de vue, ce qui montre que vous comprenez et validez leur point de vue.

Formation à l'assertivité et établissement de limites

L'affirmation de soi est la capacité d'exprimer ouvertement et respectueusement ses pensées, ses sentiments et ses besoins, sans être passif ou agressif. Pour les personnes atteintes de trouble borderline, développer l'affirmation de soi peut être une compétence transformatrice qui améliore le respect de soi et renforce les relations.

Pour commencer, il est utile de comprendre la différence entre l'affirmation de soi, la passivité et l'agressivité. La communication passive implique de ne pas exprimer vos besoins ou de permettre aux autres de profiter de vous. En revanche, une communication agressive consiste à exprimer vos besoins de manière hostile ou irrespectueuse. L'affirmation de soi établit un équilibre en étant honnête et directe tout en respectant les droits et les sentiments des autres.

Un moyen efficace de pratiquer l'affirmation de soi consiste à jouer un rôle. Imaginez un scénario dans lequel vous avez besoin de vous affirmer, comme demander à un ami de respecter votre temps ou exprimer votre malaise face au comportement d'un collègue. Pratiquez ce que vous diriez et comment vous le diriez. Concentrez-vous sur l'utilisation d'un langage calme, clair et respectueux. Les jeux de rôle peuvent vous aider à renforcer votre confiance en vous et à vous préparer à des situations réelles.

Fixer des limites est un aspect crucial de l'affirmation de soi. Les limites définissent ce qui constitue un comportement acceptable et inacceptable de la part des autres. Ils protègent votre bien-être émotionnel et veillent à ce que vos besoins soient satisfaits. Pour fixer des limites efficacement, il est important d'être clair et précis sur ce dont vous avez besoin. Par exemple, si vous avez besoin de passer du temps seul pour vous ressourcer, vous pourriez dire : « J'ai besoin de temps pour moi après le travail. Je serai disponible pour parler dans une heure.

Communiquer les limites nécessite de la cohérence et du suivi. Si quelqu'un dépasse vos limites, rappelez-lui calmement vos besoins et les conséquences de ne pas les respecter. Par exemple, vous pourriez dire : « J'ai besoin que mon espace personnel soit respecté. S'il continue à être ignoré, je devrai prendre du recul par rapport à nos interactions pendant un moment. La cohérence aide les autres à comprendre que vos limites sont importantes et doivent être respectées.

Une communication efficace, l'affirmation de soi et l'établissement de limites sont des compétences interconnectées qui peuvent améliorer considérablement vos relations et votre santé émotionnelle. En exprimant vos émotions de manière constructive, vous pouvez réduire les malentendus et les conflits. Utiliser des déclarations « je », choisir le bon moment et le bon cadre et pratiquer l'écoute active sont des stratégies clés pour une communication claire et respectueuse.

Développer l'affirmation de soi et fixer des limites implique de comprendre vos besoins et de les communiquer avec confiance et respect. Des scénarios de jeux de rôle et le fait d'être cohérent dans vos limites peuvent vous aider à développer ces compétences au fil du temps. N'oubliez pas qu'être assertif ne signifie pas être égoïste ; cela signifie se valoriser soi-même et ses besoins tout en respectant les autres.

En continuant à mettre en pratique ces compétences, vous remarquerez probablement un changement positif dans vos interactions et vos relations. La communication est un voyage, et chaque pas que vous faites vous rapproche de connexions plus significatives et épanouissantes. Embrassez ce voyage avec patience et compassion envers vous-même, sachant que chaque effort que vous faites est un pas vers une vie plus saine et plus équilibrée.

PARTIE III

Renforcer la résilience

CHAPITRE 6

Développer un état d'esprit de croissance

J'ai toujours lutté contre le trouble de la personnalité limite (TPB) pendant la majeure partie de ma vie. Chaque revers ressemblait à une catastrophe et je doutais souvent de ma capacité à m'améliorer ou à réussir. Mais un jour, j'ai découvert le concept d'état d'esprit de croissance et cela a transformé ma vie. En cultivant un état d'esprit positif et proactif, j'ai découvert une résilience et une adaptabilité que je n'aurais jamais imaginé avoir. Ce chapitre explique comment vous aussi pouvez développer un état d'esprit de croissance et exploiter son pouvoir pour prospérer malgré les défis du trouble borderline.

L'importance d'un état d'esprit positif et proactif

Un état d'esprit de croissance est la conviction que vos capacités, votre intelligence et vos talents peuvent être développés au fil du temps grâce à votre dévouement et à votre travail acharné. Cela contraste avec un état d'esprit figé, qui suppose que ces qualités sont statiques et immuables. Adopter un état d'esprit de croissance est crucial pour les personnes atteintes de trouble borderline, car cela ouvre la porte à la croissance personnelle et à la résilience.

Imaginez considérer chaque défi non pas comme une menace mais comme une opportunité d'apprendre et de grandir. Ce changement de perspective peut réduire considérablement l'intensité des réactions émotionnelles et renforcer la confiance dans votre capacité à gérer les hauts et les bas de la vie. Avec un état d'esprit de croissance, vous commencez à voir les échecs non pas comme des moments déterminants mais comme des tremplins vers le succès.

Pour moi, adopter un état d'esprit de croissance signifiait changer mon dialogue interne. Au lieu de penser : « Je ne parviendrai jamais à mieux gérer mes émotions », j'ai commencé à me dire : « Je peux apprendre et m'améliorer avec de la pratique et de la patience. » Cette attitude positive et proactive m'a motivé à rechercher de nouvelles stratégies et compétences pour gérer mes symptômes de trouble borderline.

Stratégies pour cultiver la résilience et l'adaptabilité

Développer un état d'esprit de croissance implique des stratégies spécifiques qui favorisent la résilience et l'adaptabilité. Ces stratégies peuvent vous aider à rebondir après les revers et à relever les défis du trouble borderline avec plus de facilité et de confiance.

L'une des premières étapes consiste à reconnaître et à remettre en question votre discours intérieur négatif. Faites attention à la voix intérieure critique qui dit que vous n'êtes pas assez bon ou que vous ne changerez jamais. Lorsque vous vous surprenez à penser de cette façon, faites une pause et recadrez ces pensées. Par exemple, si vous pensez : « Je ne peux pas gérer cette situation », reformulez-la en : « Cette situation est difficile, mais je peux trouver des moyens de la gérer ». Ce changement de pensée vous aide à aborder les défis avec un état d'esprit de résolution de problèmes plutôt qu'avec une attitude défaitiste.

J'ai personnellement trouvé que fixer des objectifs réalistes et réalisables était une autre clé pour développer la résilience. Au lieu de me submerger de pression pour apporter des changements drastiques du jour au lendemain, je me fixe de petits objectifs gérables. Par exemple, j'ai commencé par me concentrer sur la pratique de la pleine conscience pendant cinq minutes chaque jour. Peu à peu, j'ai augmenté la durée et intégré davantage de techniques de pleine conscience dans ma routine quotidienne. Célébrer ces petites victoires m'a aidé à renforcer ma confiance et à renforcer mon état d'esprit de croissance.

Une autre stratégie importante consiste à adopter le processus d'apprentissage et de croissance. Comprenez que le progrès n'est pas toujours linéaire et que les revers font naturellement partie du voyage. Lorsque j'ai fait face à des revers, je me suis rappelé qu'il s'agissait d'occasions d'apprendre et de s'améliorer. Je considérais les erreurs comme des commentaires précieux plutôt que comme des échecs. Cette perspective m'a permis de rester résiliente et adaptable, même lorsque les choses ne se déroulaient pas comme prévu.

S'entourer d'une communauté solidaire peut également améliorer votre état d'esprit de croissance. Connectez-vous avec d'autres personnes qui encouragent et croient en votre potentiel. Partagez vos expériences et apprenez des leurs. J'ai rejoint un groupe de soutien pour les personnes atteintes de trouble borderline, où j'ai trouvé des encouragements, des conseils et de la compréhension de la part d'autres personnes qui vivaient un parcours similaire. Ce sentiment de communauté m'a aidée à me sentir moins seule et plus motivée pour continuer à travailler sur mon développement personnel.

Cultiver la résilience et l'adaptabilité implique également de pratiquer l'auto-compassion. Soyez gentil avec vous-même lorsque les choses ne se passent pas comme prévu. Au lieu de vous réprimander pour les échecs perçus, offrez-vous la même compassion que vous accorderiez à un ami. Reconnaissez que tout le monde fait des erreurs et que vous faites de votre mieux. J'ai appris à me traiter avec douceur, ce qui a réduit mes tendances autocritiques et m'a permis de me remettre plus rapidement des revers.

Développer un état d'esprit de croissance est un outil puissant pour prospérer avec le trouble borderline. En adoptant un état d'esprit positif et proactif, vous pouvez transformer les défis en opportunités de croissance et renforcer votre résilience et votre adaptabilité. Souvenez-vous de mon parcours : comment j'ai modifié mon dialogue interne, fixé des objectifs réalisables, adopté le processus d'apprentissage et recherché le soutien d'une communauté. Vous pouvez faire la même chose.

Commencez par remettre en question votre discours intérieur négatif et recadrez vos pensées. Fixez-vous de petits objectifs réalistes et célébrez vos progrès en cours de route. Acceptez les revers comme des opportunités d'apprentissage et pratiquez l'auto-compassion. Entourez-vous de personnes solidaires qui croient en votre potentiel.

En cultivant un état d'esprit de croissance, vous constaterez que votre capacité à gérer les symptômes du trouble borderline s'améliore et que votre confiance augmente. Vous deviendrez plus résilient, adaptable et capable d'affronter de front les défis de la vie. N'oubliez pas que développer un état d'esprit de croissance est un voyage et que chaque pas que vous faites vous rapproche d'une vie plus épanouissante et plus autonome. Continuez à croire en votre potentiel et sachez que vous avez la force de vous épanouir malgré les défis du trouble borderline.

CHAPITRE 7

Auto-compassion et soins personnels

Toujours en m'utilisant comme étude de cas, j'étais une personne atteinte d'un trouble de la personnalité limite (TPB) qui, pendant des années, luttait contre une intense autocritique et un sentiment d'inutilité. Chaque erreur était comme un échec personnel et la tourmente émotionnelle était implacable. Mais mon parcours a pris une tournure positive lorsqu'ils ont découvert le pouvoir de l'auto-compassion et des soins personnels.

L'importance de l'auto-compassion dans la guérison

L'auto-compassion implique de se traiter avec la même gentillesse, la même compréhension et le même soutien que vous offririez à un ami. Pour les personnes atteintes de trouble borderline, cela peut représenter un changement radical, car le trouble alimente souvent un jugement de soi et des critiques sévères. Faire preuve d'auto-compassion ne consiste pas à excuser un comportement préjudiciable ou à éviter toute responsabilité ; il s'agit de reconnaître vos difficultés avec empathie et votre désir de vous améliorer.

Lorsque j'ai rencontré pour la première fois l'idée d'auto-compassion, cela m'a semblé étranger. Ils avaient l'habitude de s'en prendre à chaque échec perçu. Mais à mesure qu'ils commençaient à pratiquer l'auto-compassion, ils remarquèrent un changement significatif. Au lieu de sombrer dans la honte et le dégoût de soi, j'ai commencé à aborder leurs émotions avec curiosité et gentillesse. Ils se disaient : « C'est normal de ressentir cela. Je fais de mon mieux et je mérite compréhension et attention.

L'un des aspects clés de l'auto-compassion est la pleine conscience, qui implique d'être présent à ses émotions sans jugement. Pour moi, cela signifiait reconnaître leur douleur sans essayer de la supprimer ou de la nier. Ils ont appris à accepter leurs sentiments, les reconnaissant comme faisant partie de l'expérience humaine plutôt que comme un défaut personnel. Cette approche consciente m'a permis de traiter leurs émotions plus efficacement et de réduire l'intensité de leurs réactions émotionnelles.

Un autre élément crucial de l'auto-compassion est l'humanité commune. Comprendre que la souffrance et l'imperfection font partie de l'expérience humaine partagée vous aide à réaliser que vous n'êtes pas seul dans vos luttes. J'ai trouvé du réconfort en sachant que d'autres étaient également confrontés à des défis similaires et qu'il était normal de demander de l'aide. Ce sentiment de connexion réduisait le sentiment d'isolement et augmentait leur volonté de demander de l'aide en cas de besoin.

Routines et habitudes pratiques de soins personnels

Les soins personnels consistent à prendre des mesures intentionnelles pour maintenir et améliorer votre santé physique, mentale et émotionnelle. Il ne s'agit pas d'une solution universelle, mais plutôt d'une approche personnalisée pour prendre soin de vous. Pour moi, développer des routines et des habitudes pratiques de soins personnels a changé la donne dans la gestion de leurs symptômes de trouble borderline et l'amélioration de leur bien-être général.

Un aspect fondamental des soins personnels consiste à établir une routine quotidienne comprenant des activités favorisant la santé et la relaxation. J'ai commencé par intégrer des pratiques simples dans leur journée, telles que :

1. Pleine conscience matinale :

Chaque matin, je réserve 10 minutes à la méditation de pleine conscience. S'asseoir tranquillement et se concentrer sur leur respiration les a aidés à commencer la journée avec un esprit calme et centré. Cette pratique réduisait l'anxiété matinale et donnait un ton positif pour le reste de la journée.

2. Activité physique :

L'exercice régulier est devenu la pierre angulaire de ma routine de soins personnels. Qu'il s'agisse d'une marche rapide, d'une séance de yoga ou d'un cours de danse, l'activité physique permettait de libérer l'énergie refoulée et d'améliorer leur humeur. J'ai découvert que même de courtes périodes d'exercice pouvaient réduire considérablement le stress et améliorer leur sentiment de bien-être.

3. Alimentation nutritive :

J'ai fait un effort conscient pour nourrir leur corps avec des aliments sains. Ils ont découvert que des repas équilibrés contenant beaucoup de fruits, de légumes et de grains entiers fournissaient une énergie soutenue et amélioraient leur clarté mentale. Rester hydraté et limiter la consommation de caféine et de sucre a également fait une différence notable dans la stabilité de leur humeur.

4. Expression créative :

S'engager dans des activités créatives comme peindre, écrire ou jouer de la musique est devenu un élément essentiel de mes soins personnels. Ces exutoires leur ont permis d'exprimer leurs émotions de manière constructive et leur ont procuré un sentiment d'accomplissement et de joie. J'ai remarqué que la créativité les aidait à gérer des sentiments complexes et à réduire le bouleversement émotionnel.

5. Connexion sociale :

Construire et entretenir des relations de soutien étaient essentiels pour ma santé émotionnelle. Ils se sont fait un devoir de communiquer régulièrement avec leurs amis et leurs proches, que ce soit par le biais d'appels téléphoniques, de chats vidéo ou de visites en personne. Partager mes expériences et recevoir le soutien émotionnel des autres m'a aidé à me sentir compris et moins seul.

6. Repos et détente :

Consciente de l'importance du repos, j'ai donné la priorité à un sommeil suffisant chaque nuit. Ils ont établi une routine relaxante au coucher, qui comprenait des activités comme lire, écouter de la musique apaisante ou prendre un bain chaud. Un sommeil adéquat a considérablement amélioré leur humeur et leur capacité à faire face au stress quotidien.

7. Fixer des limites :

Apprendre à fixer et à maintenir des limites saines était crucial pour mes soins personnels. Ils se sont entraînés à dire non à des activités ou à des engagements qui leur paraissaient accablants et leur ont permis de prendre du temps pour eux-mêmes. Cette pratique a contribué à réduire le sentiment d'épuisement professionnel et à leur garantir l'énergie nécessaire pour se concentrer sur leur bien-être.

L'auto-compassion et les soins personnels ne sont pas que des concepts ; ce sont des pratiques transformatrices qui peuvent améliorer considérablement votre capacité à gérer le trouble borderline et à améliorer votre qualité de vie. En vous traitant avec gentillesse et compréhension, comme je l'ai fait, vous pouvez briser le cycle de l'autocritique et adopter une approche plus stimulante de votre santé émotionnelle.

L'intégration de routines pratiques de soins personnels dans votre vie quotidienne peut créer une base de stabilité et de résilience. Commencez par de petits changements gérables et développez progressivement des habitudes qui favorisent votre bien-être physique, mental et émotionnel. N'oubliez pas que prendre soin de soi est un parcours personnel et qu'il est important de trouver ce qui vous convient le mieux.

CHAPITRE 8

Construire des relations saines

L'établissement de relations saines est la pierre angulaire du bien-être émotionnel et de la résilience, en particulier pour les personnes atteintes d'un trouble de la personnalité limite (TPL). Les relations peuvent vous élever ou vous épuiser, selon leur nature. Dans ce chapitre, nous explorerons comment identifier les relations toxiques et fixer les limites nécessaires tout en nous concentrant sur l'entretien de liens positifs et solidaires.

Identifier les relations toxiques et fixer des limites

Les relations toxiques sont celles qui nuisent constamment à votre bien-être et à votre estime de soi. Reconnaître ces relations est la première étape vers la promotion d'un environnement social plus sain. Voici quelques caractéristiques des relations toxiques :

- **Négativité constante :** Si quelqu'un critique, rabaisse ou invalide constamment vos sentiments, c'est un signal d'alarme. Des relations saines doivent impliquer un respect mutuel et un soutien constructif.

- **Manipulation et contrôle :** Les personnes toxiques essaient souvent de contrôler vos actions, vos pensées ou vos sentiments. Ils peuvent utiliser la culpabilité, la honte ou la peur pour vous manipuler et vous faire faire ce qu'ils veulent.

- **Manque d'empathie:** Si une personne montre peu ou pas de compréhension ou d'inquiétude à l'égard de vos sentiments et de vos besoins, cela peut créer un environnement émotionnellement épuisant.

- **Volatilité:** Les relations marquées par des disputes fréquentes, des sautes d'humeur dramatiques ou un comportement passif-agressif peuvent être épuisantes et dommageables.

Reconnaître ces signes est crucial. Une fois que vous avez identifié une relation toxique, fixer des limites est la prochaine étape importante. Les limites sont des limites que vous fixez pour protéger votre bien-être et votre espace personnel. Voici comment vous pouvez définir et maintenir efficacement des limites :

1. Soyez clair et précis : Communiquez clairement vos limites à l'autre personne. Au lieu de déclarations vagues, soyez précis sur les comportements inacceptables et sur ce dont vous avez besoin dans la relation. Par exemple, dites : « J'ai besoin que vous me parliez avec respect et que vous évitiez d'élever la voix pendant nos conversations. »

2. Soyez cohérent : La cohérence est la clé pour faire respecter les limites. Si vous fixez une limite mais ne la respectez pas, cela envoie un message indiquant que la limite n'est pas sérieuse. Respectez systématiquement vos limites pour vous assurer qu'elles sont respectées.

3. Utilisez les déclarations « I » : Lorsque vous discutez des limites, utilisez les déclarations « je » pour vous concentrer sur vos sentiments et vos besoins plutôt que de blâmer l'autre personne. Par exemple, dites : « Je me sens mal à l'aise lorsque vous me critiquez en public. J'ai besoin que vous répondiez à vos préoccupations en privé.

4. Restez calme et posé : Il est essentiel de rester calme et posé lorsque l'on fixe des limites. Les explosions émotionnelles peuvent aggraver les conflits et rendre plus difficile une communication efficace.

5. Soyez prêt à affronter la résistance : Certaines personnes peuvent résister ou remettre en question vos limites. Tenez bon et réitérez calmement vos besoins. N'oubliez pas que fixer des limites consiste à protéger votre bien-être et non à contrôler les autres.

Entretenir des liens solidaires et positifs

S'il est essentiel d'identifier et de gérer les relations toxiques, il est tout aussi important d'entretenir des liens positifs et solidaires. Les relations positives peuvent apporter un soutien émotionnel, renforcer votre sentiment d'appartenance et améliorer votre bien-être général. Voici comment cultiver et entretenir des relations saines :

1. **Choisissez des personnes solidaires :** Entourez-vous de personnes qui vous respectent, comprennent vos besoins et encouragent votre croissance. Ces personnes sont empathiques, fiables et véritablement soucieuses de votre bien-être.

2. **Communiquez ouvertement :** Une communication ouverte et honnête est la base de toute relation saine. Partagez vos pensées, vos sentiments et vos besoins avec vos amis et vos proches. Encouragez-les à faire de même. Ce partage mutuel favorise la confiance et la compréhension.

3. Pratiquez l'écoute active : Écouter est aussi important que parler dans une relation. Lorsque quelqu'un vous parle, accordez-lui toute votre attention. Évitez de l'interrompre et faites preuve d'empathie en reconnaissant ses sentiments. L'écoute active montre que vous appréciez et respectez le point de vue de l'autre personne.

4. Montrez votre appréciation : Exprimez régulièrement votre gratitude et votre appréciation envers les personnes qui vous entourent. De petits gestes, comme dire merci ou reconnaître leur soutien, peuvent renforcer votre lien et permettre aux autres de se sentir valorisés.

5. Passez du temps de qualité : Faites l'effort de passer du temps de qualité avec des personnes qui vous soutiennent. Participez à des activités que vous aimez tous les deux, qu'il s'agisse de vous promener, de prendre un café ou simplement de discuter. Les expériences partagées créent des souvenirs durables et approfondissent votre connexion.

6. Soyez solidaire : Les relations saines sont réciproques. Soyez là pour vos amis et vos proches pendant leurs moments difficiles. Offrez une oreille attentive, un coup de main ou des mots d'encouragement. Le soutien renforce non seulement votre relation, mais crée également un sentiment de confiance mutuelle et de fiabilité.

7. Respectez les différences : Chaque personne est unique et le respect des différences est crucial pour une relation saine. Acceptez que les autres puissent avoir des opinions, des valeurs et des façons de faire différentes. Le respect de ces différences favorise un environnement harmonieux et tolérant.

8. Résoudre les conflits de manière constructive : Les conflits font naturellement partie de toute relation. Ce qui compte, c'est la façon dont vous les gérez. L'approche entre en conflit avec un état d'esprit de résolution de problèmes plutôt que de confrontation. Concentrez-vous sur la recherche de solutions qui conviennent aux deux parties plutôt que de gagner la dispute.

9. Demandez l'aide d'un professionnel si nécessaire : Parfois, bâtir et entretenir des relations saines peut être difficile, surtout si vous avez des expériences passées qui affectent vos interactions. N'hésitez pas à demander l'aide d'un thérapeute ou d'un conseiller. Ils peuvent fournir des informations et des stratégies précieuses pour améliorer vos relations.

Construire des relations saines implique à la fois d'identifier et de gérer les liens toxiques et d'entretenir des liens de soutien. En fixant des limites claires, en communiquant ouvertement et en pratiquant l'empathie et le respect, vous pouvez créer un réseau de relations qui améliorent votre bien-être émotionnel et soutiennent votre parcours avec le trouble borderline. N'oubliez pas que vous méritez des relations qui vous élèvent et vous responsabilisent. Gardez ces stratégies à l'esprit lorsque vous naviguez dans vos interactions sociales et vous constaterez que des relations saines et positives sont à votre portée.

PARTIE IV

Vivre une vie épanouissante

CHAPITRE 9

Trouver un but et un sens

Trouver un but et un sens à la vie est essentiel pour vivre une vie épanouie, en particulier lorsqu'il s'agit de gérer le trouble de la personnalité limite (TPL). Un sentiment d'utilité peut vous fournir une orientation, une motivation et une résilience, vous aidant ainsi à naviguer dans la complexité de vos émotions et de vos expériences.

Techniques pour découvrir les passions et les objectifs personnels

Découvrir vos passions et vos objectifs commence par une auto-exploration et une réflexion. Voici quelques techniques pour vous aider à découvrir ce qui compte vraiment pour vous :

1. Réfléchissez aux joies et aux succès passés : Pensez aux activités et aux expériences qui vous ont apporté le plus de joie et de satisfaction dans le passé. Que faisiez-vous? Avec qui étais-tu? Pourquoi ces moments se sont-ils démarqués ? Cette réflexion peut fournir de précieux indices sur vos passions.

2. Identifiez vos valeurs fondamentales : Les valeurs fondamentales sont les principes qui guident vos décisions et vos actions. Ils reflètent ce qui est le plus important pour vous. Passez du temps à réfléchir à vos valeurs fondamentales. Est-ce la créativité, l'aide aux autres, l'apprentissage ou autre chose ? Comprendre vos valeurs fondamentales peut vous aider à aligner vos passions sur vos objectifs.

3. Expérimentez et explorez : N'ayez pas peur d'essayer de nouvelles choses. Adoptez un nouveau passe-temps, faites du bénévolat pour une cause qui vous tient à cœur ou rejoignez un club.

Expérimenter différentes activités peut vous aider à découvrir ce qui vous parle et ce qui vous passionne.

4. Écoutez votre intuition : Parfois, votre instinct ou votre intuition peut vous guider vers vos passions. Faites attention à ce qui vous passionne ou à ce qui vous attire, même si cela n'a pas de sens logique au départ.

5. Sollicitez les commentaires des autres : Parfois, d'autres peuvent voir nos forces et nos passions plus clairement que nous. Demandez à vos amis, à votre famille ou à vos collègues ce pour quoi ils pensent que vous êtes doué et ce qu'ils ont remarqué que vous aimez faire. Leurs idées peuvent fournir des perspectives précieuses.

6. Journal et réflexion : Écrire vos pensées, vos sentiments et vos expériences peut vous aider à gagner en clarté. Tenir un journal sur ce que vous aimez, ce qui vous intéresse et ce que vous voulez réaliser peut révéler des passions et des objectifs cachés.

7. Réservez du temps pour l'introspection : Réserver régulièrement des moments de calme pour l'introspection peut vous aider à vous connecter avec votre moi intérieur. Méditez, faites de longues promenades ou asseyez-vous simplement en silence et réfléchissez à votre vie, vos désirs et vos aspirations.

Une fois que vous avez identifié vos passions et vos objectifs, il est important de les aligner sur vos actions quotidiennes. Cet alignement garantit que votre vie quotidienne contribue à vos aspirations à long terme, créant un sentiment de but et d'épanouissement.

Aligner les actions quotidiennes sur les aspirations à long terme

Aligner vos actions quotidiennes sur vos objectifs à long terme implique de créer une feuille de route qui intègre vos passions dans votre vie quotidienne. Voici comment procéder :

1. Fixez-vous des objectifs clairs et réalisables : Décomposez vos aspirations à long terme en objectifs plus petits et gérables. Ces objectifs doivent être spécifiques, mesurables, réalisables, pertinents et limités dans le temps. **(INTELLIGENT).** Par exemple, si votre objectif à long terme est de devenir un peintre qualifié, votre objectif à court terme pourrait être de suivre un cours de peinture en trois mois.

2. Créez un tableau de vision : Visualiser vos objectifs peut les rendre plus tangibles et vous motiver à agir. Créez un tableau de vision avec des images, des citations et des symboles qui représentent vos passions et aspirations. Placez-le quelque part que vous verrez quotidiennement comme un rappel constant de votre objectif.

3. Développez une routine quotidienne : Intégrez des activités qui correspondent à vos passions dans votre routine quotidienne. Si votre objectif est d'écrire un roman, réservez chaque jour un moment précis pour l'écriture. La cohérence est la clé pour progresser et rester connecté à vos objectifs.

4. Donnez la priorité aux soins personnels : Prendre soin de votre bien-être mental, émotionnel et physique est essentiel pour rester motivé et concentré. Assurez-vous que votre routine comprend du temps pour le repos, la relaxation et des activités qui vous rechargent. Cet équilibre vous aidera à maintenir l'énergie et l'enthousiasme nécessaires à la poursuite de vos passions.

5. Restez flexible et adaptable : La vie est imprévisible et parfois les plans changent. Restez flexible et adaptable, en vous permettant d'ajuster vos objectifs et vos actions selon vos besoins. Cette flexibilité garantit que vous restez aligné sur votre objectif, même lorsque les circonstances changent.

6. Célébrez les petites victoires : Reconnaissez et célébrez vos progrès, aussi petits soient-ils. Reconnaître vos réalisations, même mineures, peut stimuler votre motivation et renforcer votre engagement envers vos objectifs.

7. Recherchez du soutien et de la responsabilité : Partagez vos objectifs avec des amis, de la famille ou un mentor qui vous soutiennent. Avoir quelqu'un pour vous encourager et vous tenir responsable peut faire une différence significative dans votre parcours. Ils peuvent fournir de la motivation, des conseils et une perspective différente en cas de besoin.

8. Réfléchissez et réévaluez régulièrement :
Prenez périodiquement le temps de réfléchir à vos progrès et de réévaluer vos objectifs. Vos actions quotidiennes sont-elles toujours alignées avec vos aspirations à long terme ? Vos objectifs ont-ils toujours du sens pour vous ? Cette réflexion vous aide à rester sur la bonne voie et à faire les ajustements nécessaires.

Trouver un but et un sens à la vie est un antidote puissant aux défis du trouble borderline. En découvrant vos passions personnelles et en alignant vos actions quotidiennes sur vos objectifs à long terme, vous pouvez créer une vie remplie de direction, de motivation et d'épanouissement. N'oubliez pas que ce voyage est profondément personnel et unique pour vous. Prenez le temps d'explorer, d'expérimenter et de réfléchir à ce qui compte vraiment pour vous.

CHAPITRE 10

Fixer et atteindre des objectifs

Fixer et atteindre des objectifs est une compétence essentielle, en particulier pour ceux qui gèrent le trouble de la personnalité limite (TPL). Les objectifs vous donnent une direction et un but, vous aidant à traverser les hauts et les bas de la vie avec plus de clarté et de détermination. Dans ce chapitre, nous explorerons les **INTELLIGENT** cadre d'établissement d'objectifs, vous offrant une approche structurée pour définir et atteindre vos objectifs. De plus, nous approfondirons les stratégies permettant de surmonter les obstacles et de maintenir la motivation, garantissant ainsi que votre chemin vers le succès reste stable et épanouissant.

Le cadre de définition d'objectifs SMART

Se fixer des objectifs ne consiste pas seulement à décider de ce que vous voulez atteindre ; il s'agit de créer un plan clair et réalisable qui vous guide vers le résultat souhaité. Le **INTELLIGENT** Le framework est un excellent outil pour cela, car il garantit que vos objectifs sont bien définis et réalisables. **INTELLIGENT** signifie Spécifique, Mesurable, Réalisable, Pertinent et Limité dans le Temps.

1. Spécifique : Votre objectif doit être clair et précis. Des objectifs vagues sont difficiles à atteindre car ils ne fournissent pas de direction claire. Au lieu de dire : « Je veux être en meilleure santé », précisez ce que cela signifie pour vous. Par exemple : « Je veux faire 30 minutes d'exercice chaque jour. »

2. Mesurable : Un objectif mesurable vous permet de suivre vos progrès et de rester motivé. Il répond à des questions telles que « Combien ? » ou "Combien?" et "Comment saurai-je quand cela sera accompli?" En utilisant l'exemple précédent, vous pouvez mesurer vos progrès en tenant un journal d'exercices quotidien.

3. Réalisable : Votre objectif doit être réaliste et réalisable pour réussir. Même s'il est bon de se mettre au défi, se fixer un objectif trop ambitieux peut entraîner frustration et déception. Évaluez votre situation actuelle et fixez-vous un objectif qui étend vos capacités mais reste réalisable.

4. Pertinent : Votre objectif doit être important pour vous et correspondre à vos autres objectifs de vie. Assurez-vous que c'est quelque chose que vous souhaitez réellement réaliser et qu'il correspond à vos aspirations plus larges. Par exemple, faire de l'exercice quotidiennement devrait correspondre à votre objectif plus large d'améliorer votre santé globale.

5. Limité dans le temps : Chaque objectif nécessite une date cible, vous avez donc une date limite sur laquelle vous concentrer et un objectif sur lequel travailler. Cette partie du **INTELLIGENT** Le cadre d'objectifs aide à empêcher les tâches quotidiennes de prendre le pas sur vos objectifs à long terme. Par exemple : « Je veux faire 30 minutes d'exercice chaque jour pendant les trois prochains mois. »

Surmonter les obstacles et maintenir la motivation

Même avec un objectif bien défini, vous rencontrerez inévitablement des obstacles. Ces défis peuvent faire dérailler vos progrès s'ils ne sont pas gérés efficacement. Voici comment surmonter ces obstacles et maintenir votre motivation tout au long de votre parcours d'établissement d'objectifs :

1. Anticiper les défis : Avant même de commencer à travailler pour atteindre votre objectif, prenez le temps d'anticiper les défis potentiels. Quels obstacles pourriez-vous rencontrer ? Qu'est-ce qui pourrait mal se passer? En identifiant les problèmes potentiels à l'avance, vous pouvez créer des plans d'urgence pour y remédier.

2. Développer un état d'esprit de résilience : La résilience est votre capacité à rebondir après des revers. Cultivez un état d'esprit qui considère les obstacles comme des opportunités de croissance plutôt que comme des barrières insurmontables. Rappelez-vous que les revers font naturellement partie de tout voyage et peuvent offrir des expériences d'apprentissage précieuses.

3. Décomposez les objectifs : Les objectifs ambitieux peuvent sembler insurmontables, ce qui peut facilement entraîner une perte de motivation. Divisez vos objectifs en tâches plus petites et plus gérables. Cette approche rend non seulement votre objectif plus réalisable, mais vous permet également de célébrer de petites victoires en cours de route.

4. Restez flexible : La vie est imprévisible et vous devrez parfois ajuster vos objectifs ou votre approche. Restez flexible et ouvert au changement. Si quelque chose ne fonctionne pas, n'ayez pas peur de réévaluer et de changer de cap. La flexibilité peut vous aider à rester sur la bonne voie même lorsque les choses ne se passent pas comme prévu.

5. Utilisez le renforcement positif : Récompensez-vous pour vos progrès, aussi minimes soient-ils. Le renforcement positif peut booster votre motivation et vous permettre d'avancer. Les récompenses ne doivent pas nécessairement être extravagantes ; même de petites friandises ou des moments de détente peuvent constituer des incitations efficaces.

6. Construisez un système de support :
Entourez-vous de personnes solidaires qui peuvent
vous encourager et vous tenir responsable. Partagez
vos objectifs avec vos amis, votre famille ou un
groupe de soutien. Leurs encouragements et leurs
commentaires peuvent être inestimables, surtout
dans les périodes difficiles.

7. Visualisez le succès : La visualisation peut être
un puissant outil de motivation. Passez du temps à
vous imaginer atteindre votre objectif. À quoi
ressemble le succès ? Comment vous sentirez-vous
une fois que vous l'aurez accompli ? Cette répétition
mentale peut renforcer votre confiance et vous
permettre de rester concentré sur votre objectif.

8. Restez connecté à votre « Pourquoi » : Gardez
toujours la raison de votre objectif à l'avant-plan de
votre esprit. Pourquoi avez-vous fixé cet objectif en
premier lieu ? Qu'est-ce que cela signifie pour vous
et votre vie ? Rester connecté à votre « pourquoi »

peut raviver votre motivation lorsque vous avez envie d'abandonner.

Fixer et atteindre des objectifs n'est pas seulement une question de résultat final ; il s'agit du voyage et de la croissance que vous vivez en cours de route. En utilisant le **INTELLIGENT** cadre, vous pouvez créer des objectifs clairs et réalisables qui vous guident vers le succès. N'oubliez pas d'anticiper les défis, de rester flexible et de vous connecter avec votre système de soutien pour maintenir votre motivation.

Vos objectifs sont à votre portée et, avec détermination et persévérance, vous pouvez les atteindre et vivre une vie épanouie et axée sur un objectif.

CHAPITRE 11

S'épanouir au quotidien

Imaginez-vous vous réveiller chaque matin avec un sentiment d'utilité et de calme, prêt à affronter tout ce que la journée vous réserve. Ce n'est pas seulement un rêve lointain mais une réalité que vous pouvez réaliser en intégrant les stratégies que vous avez apprises dans votre routine quotidienne. Imaginez-vous vivre une vie où la gestion du trouble de la personnalité limite (TPB) fait partie de votre rythme quotidien, vous permettant de vous épanouir malgré les défis. Ce chapitre vous guidera sur la façon d'intégrer ces stratégies dans votre vie quotidienne, de maintenir vos progrès et de célébrer vos réalisations.

Intégrer les stratégies dans les routines quotidiennes

Comme je l'ai mentionné plus tôt dans ce livre, j'ai lutté contre le trouble borderline pendant des années. Mais ensuite, une fois rétabli, je commence ma journée en me réveillant au doux son de mon alarme, en évitant les bips discordants qui donnaient autrefois un ton stressant. Je prends quelques instants pour respirer profondément et définir une intention positive pour la journée. Cette petite pratique, apprise de mon parcours, est devenue la pierre angulaire de ma routine matinale.

Alors que je me prépare au travail, j'intègre la pleine conscience dans mes activités. En me brossant les dents ou en faisant mon lit, je me concentre sur les sensations et les mouvements, m'enracinant dans le moment présent. Cette pratique m'aide à rester concentrée et réduit l'anxiété qui obscurcissait mes matinées.

Au petit-déjeuner, je prends le temps de planifier mes repas, en veillant à inclure des options nutritives qui soutiennent mon bien-être mental. J'ai appris qu'une alimentation équilibrée joue un rôle essentiel dans la stabilisation de mon humeur et de mon niveau d'énergie. En mangeant consciemment, j'évite les distractions et j'apprécie ma nourriture, ce qui me permet de rester présent et calme.

Tout au long de ma journée de travail, j'utilise de brèves pauses de pleine conscience pour rester équilibré. Lorsque je sens des émotions monter, je pratique des exercices de respiration profonde ou un rapide scan corporel. Ces techniques m'aident à gérer efficacement mes émotions et à éviter qu'elles ne me submergent.

Je prévois également du temps pour prendre soin de moi. Après le travail, je consacre une heure à des activités qui me rajeunissent, comme lire, jardiner ou faire du yoga. Ces moments de bien-être ne sont pas négociables, car ils m'aident à me ressourcer et à maintenir mon équilibre émotionnel.

Dans mes interactions, je m'assure de pratiquer une communication assertive. J'utilise le **"JE"** déclaration pour exprimer clairement mes besoins et mes sentiments, en évitant les malentendus qui conduisaient autrefois à des conflits. Fixer des limites est devenu un élément naturel de mes relations, garantissant que je me sens respecté et compris.

Chaque soir, je réfléchis à ma journée, en notant ce qui s'est bien passé et ce que je peux améliorer. Je journalise mes pensées, ce qui m'aide à traiter mes expériences et à définir mes intentions pour le lendemain. Cette réflexion est devenue un outil précieux pour ma croissance et ma conscience de soi.

Maintenir les progrès et célébrer les réalisations

Voyons comment j'ai maintenu mes progrès et célébré mes réalisations. Je me fixe des objectifs à court terme qui sont gérables et tangibles. Par exemple, je pourrais essayer de pratiquer la pleine conscience pendant cinq minutes chaque matin pendant une semaine. Atteindre ce petit objectif renforce ma confiance et me motive à en fixer de nouveaux.

J'ai également tendance à suivre mes progrès dans un journal, documentant mes réalisations et mes revers. Cet enregistrement visuel m'aide à voir le chemin parcouru et constitue une source de motivation lors des journées plus difficiles. Je reconnais mes progrès, aussi petits soient-ils, et je les utilise comme base pour une croissance ultérieure.

Célébrer les petites victoires fait partie intégrante de ma stratégie. Lorsque je gère avec succès une situation stressante ou que je maintiens ma routine de soins personnels pendant une semaine, je me récompense avec quelque chose d'agréable, comme une friandise préférée ou un bain relaxant. Ces récompenses renforcent mes comportements positifs et me maintiennent motivé.

Je reste flexible et j'adapte mes stratégies selon les besoins. Si une approche particulière ne fonctionne pas, je n'hésite pas à essayer quelque chose de nouveau. Cette flexibilité garantit que mes méthodes restent efficaces et adaptées à mes besoins évolutifs.

Pour rester connecté à mon objectif, je me rappelle régulièrement pourquoi j'effectue ces changements. Je garde une liste de mes objectifs à long terme et de l'impact positif qu'ils auront sur ma vie. Ce lien avec mon objectif le plus profond soutient ma motivation, surtout dans les moments difficiles.

Mon système de soutien joue un rôle crucial dans mon parcours. Je participe à des enregistrements réguliers avec mes amis et ma famille, partageant mes progrès et mes défis. Leurs encouragements et leurs commentaires m'apportent un soutien et une responsabilisation précieux, m'aidant à rester sur la bonne voie.

À travers tout cela, je pratique l'auto-compassion. Je reconnais que les revers font naturellement partie du voyage et je ne m'en veux pas. Au lieu de cela, je me traite avec gentillesse et compréhension, ce qui alimente ma résilience et ma capacité à rebondir.

Mon histoire illustre comment l'intégration de stratégies dans les routines quotidiennes, le maintien des progrès et la célébration des réalisations peuvent transformer votre vie. Pour réussir avec le trouble borderline, il faut de la persévérance, de la conscience de soi et entreprendre le voyage avec compassion et dévouement.

Lorsque vous appliquez ces principes à votre propre vie, n'oubliez pas que chaque étape, aussi petite soit-elle, vous rapproche de l'épanouissement dans la vie de tous les jours. Célébrez vos progrès, apprenez de vos échecs et restez engagé sur votre chemin. Avec ces pratiques, vous pouvez créer un avenir rempli de but, de joie et d'épanouissement.

Conclusion

Alors que nous arrivons ensemble à la fin de ce voyage, il est essentiel de revoir les principales stratégies et points à retenir que nous avons explorés. Comprendre et gérer le trouble de la personnalité limite (TPB) est un processus à multiples facettes, et chaque chapitre de ce livre vous a fourni des outils pour vous aider à vous épanouir.

Vous avez commencé par comprendre ce qu'est le trouble borderline, y compris ses symptômes, ses critères de diagnostic et les idées fausses courantes. À partir de là, vous avez approfondi la science derrière le trouble borderline et découvert les facteurs biologiques, psychologiques et environnementaux qui influencent le trouble.

La gestion des émotions est cruciale pour les personnes atteintes de trouble borderline, et nous avons discuté de l'importance de la conscience émotionnelle et de la gestion des émotions intenses. Vous avez appris des stratégies pratiques pour identifier et comprendre vos émotions, ainsi que des techniques telles que l'ancrage et l'auto-apaisement pour gérer efficacement l'intensité émotionnelle.

La communication est un autre domaine essentiel, et nous avons exploré des outils permettant d'exprimer ses émotions de manière constructive, de développer l'affirmation de soi et de fixer des limites. Le développement d'un état d'esprit de croissance et la pratique de l'auto-compassion et des soins personnels ont été soulignés comme des éléments fondamentaux pour renforcer la résilience et favoriser le bien-être émotionnel.

Construire des relations saines est la clé de votre bonheur général, et vous avez appris à identifier les relations toxiques, à fixer des limites et à entretenir des liens de soutien. Vivre une vie épanouie implique de trouver un but et un sens, de fixer et d'atteindre des objectifs et d'intégrer des stratégies dans vos routines quotidiennes.

Enfin, nous nous sommes concentrés sur le maintien des progrès et la célébration des réalisations. L'importance de réfléchir à votre parcours, d'adapter vos stratégies et de faire preuve d'auto-compassion a été soulignée comme des éléments essentiels d'une croissance et d'une résilience continues.

Encouragement pour l'avenir

À mesure que vous avancez, n'oubliez pas que votre parcours avec le trouble borderline est uniquement le vôtre. Il y aura des défis et des revers, mais chaque pas que vous franchirez témoigne de votre force et de votre détermination. Vous avez déjà fait preuve d'un courage remarquable en recherchant des stratégies pour améliorer votre vie et votre bien-être

Continuez à appliquer les techniques que vous avez apprises, restez connecté à votre système de soutien et abordez chaque journée avec un sentiment de détermination et d'espoir. Célébrez vos progrès, aussi petits soient-ils, et soyez gentil avec vous-même lorsque les choses ne se passent pas comme prévu. Chaque effort que vous faites vous rapproche d'une vie d'épanouissement et de joie.

Votre résilience et votre engagement envers la croissance sont inspirants. Croyez en votre capacité à vous épanouir et laissez cette conviction vous guider à travers les hauts et les bas de votre voyage. N'oubliez pas que vous n'êtes pas seul : de nombreuses autres personnes partagent vos expériences et comprennent vos difficultés.

Votre voyage ne s'arrête pas là, il ne fait que commencer. Continuez à rechercher des connaissances, à vous connecter avec les autres et à investir dans votre bien-être. Avec les bons outils, le soutien et l'état d'esprit appropriés, vous pouvez naviguer dans les complexités du trouble borderline et construire une vie non seulement gérable, mais vraiment épanouissante.

Restez résilient, gardez espoir et surtout, restez gentil avec vous-même. Vous avez le pouvoir de prospérer.

www.ingramcontent.com/pod-product-compliance
Lightning Source LLC
Chambersburg PA
CBHW070905250726
48662CB00003B/1516